MARTIN STEFFENS

MARÍA COMO DIOS LA CONOCIÓ

didaskalos

Ilustración de portada: Bride with Fan, Marc Chagall

Primera edición: diciembre 2025

© Autor: Martín Steffens

Impreso en España. Printed in Spain
Depósito legal: M-24667-2025
ISBN: 978-84-19431-65-3

Impresión y encuadernación:
  Editorial Didaskalos
  Valdesquí 16, Madrid 28023

A mi esposa,
a mis hijos, por inspirarme un «gracias»
y un «aquí estoy».

A Pierre Dulau y Anne Steffens,
por haber releído apresuradamente estas páginas.

Índice

Págs.

1. LAS DOS PALABRAS 9

   Primera palabra 10
   La lucha justa 12

   Segunda palabra 13
   Misterio 15

2. NUESTRO MUNDO COMO EL DIBUJO DE UN NIÑO. 19

   Juan Duns Escoto.................... 21
   Filosofía medieval.................. 23
   Infancia contra infantilismos 26
   No era necesario.................... 30

3. REGALO Y BELLEZA 35

   El origen oculto de toda belleza 37
   La belleza del culto y de las flores 39

4. EL DON DEL PADRE AL HIJO 43

   Un regalo que obliga gozosamente........ 48

Págs.

Como un sobreabundante además   49
La alegría de ser para otro distinto de uno
    mismo.........................   51
Ni desprecio de sí, ni engaño sobre sí   53

5. DONDE LLEGAMOS, POR FIN, A MARÍA   57

María, la segunda nacida de toda la Creación .   58
La gracia preventiva   62
Utopía mariana.....................   67

6. EL MUNDO VISTO POR MARÍA   71

Un niño nos espera...................   75
Hacer inmaculado todo   78
Geneología   80

7. MARÍA, COMO DE PASADA   83

La universalidad de María   84
Simplicidad.........................   86

DESCUBRIR EL PENSAMIENTO DE JUAN DUNS ESCOTO .   89

Para iniciarse en su pensamiento   90
Obras más especializadas   90

Las dos palabras

La vida humana cabe en dos palabras, que juntas suman tres: «gracias» y «aquí estoy». Estas dos palabras marcan los límites de nuestra existencia. Una de ellas se sitúa en el umbral de la vida; la otra, en su confín más lejano.

Una palabra para acoger el don del ser: «gracias». Mi vida comienza cuando la recibo. La otra palabra es una manera de morir, una forma de abrirse. Porque esta vida, si la acogemos como un don, deja de ser solo nuestra vida. Cada día se convierte en un regalo de sí misma y, al encontrarse con la muerte, quizá la vea como una ofrenda última: «aquí estoy».

Porque envuelven toda nuestra vida, estas dos palabras permanecen verdaderas incluso cuando todo a nuestro alrededor es oscuridad y mentira. Puestas sin cesar a prueba por las dificultades que atravesamos, son la única respuesta posible, siempre renovada.

Si acogemos nuestra vida bajo su suave poder, algo de nuestra juventud seguirá intacto. Si sucede algo feliz, diremos «gracias». Si alguna vez tenemos que separarnos de ella —como padre y madre dejan partir un día a su hijo— diremos, con las manos vacías pero abiertas: «aquí estoy».

Estas dos palabras son el latido de nuestra existencia. Una vez que entramos en su danza, una precede a la otra: primero la palabra del abandono, luego la palabra que saluda al don. Si aparece una prueba, diremos «aquí estoy»; si la superamos, diremos «gracias».

Primera palabra

«Gracias.» La vida es el primer don indiscutible. Sin este don, nada existiría. Nuestros sufrimientos, tristezas y rebeldías no alcanzan la grandeza de un don así; al contrario, lo revelan. Si la vida no fuera en sí misma hermosa y buena, ¿acaso el mal dolería?

Si la vida no llegara con tantas promesas, y si la vida que hemos recibido no fuera la primera en cumplirse, ¿nos sentiríamos decepcionados o indignados? Es cierto que hay vidas que son, ante todo, vidas de sufrimiento. Pero ocurre que en su nacimiento les faltó la alegría de un padre o de una madre: esa alegría que brota cuando se nos regala un hijo. Es una alegría que a veces se impide por las circunstancias, pero cuya ausencia duele tanto que la vida merece desde el principio una acogida jubilosa.

Porque toda vida es, en sí misma, digna de ser acogida desde el comienzo, aquellos que no lo han sido pasan de un sufrimiento a otro. En el dolor de una vida que no fue lo bastante amada, en su grito por ser finalmente reconocida y celebrada, está contenida esta verdad: la vida es en sí misma bella y buena. Ser un buen padre o una buena madre no es otra cosa que alegrarse, con gestos sencillos y una entrega desinteresada, de la llegada de un hijo al mundo. Es, pese al temor de no estar a la altura de la tarea de ser padres, posar la mirada en el pequeño y bendecirlo. Es decir «gracias». Eso basta.

Como dicen los filósofos, al comienzo de la vida de un padre no está la admiración, sino el asombro. Admiración: me sorprendo o me regocijo de que seas lo que eres. Asombro: me sorprendo y me alegro de que simplemente seas.

La lucha justa

No debemos decir: «Hay injusticia y desdicha y la vida no es buena». Más bien: «Porque la vida es en sí misma bella y buena, cada vez que, por la maldad de los hombres o los golpes del destino, ya no puede ser plenamente acogida, saboreada y desplegada, entonces hay injusticia y desdicha».

No luchamos para que la vida tenga sentido. Luchamos porque tiene tanto sentido que una vida reducida a lo absurdo es un escándalo al que nos sentimos moralmente obligados a poner fin. Cuando nos arremangamos para doblar el pescuezo a una injusticia pasajera, reconocemos que el juego vale la pena: es porque la vida es en sí misma hermosa que defendemos la ley y la justicia.

Al corregir este mundo para que la vida fluya en toda su intensidad, nunca debemos olvidar dirigir la mirada hacia la fuente y bendecir su caudal. De lo contrario, muy pronto la lucha por la justicia se convertirá en venganza en nombre de la justicia. Muy pronto dejaremos de luchar, no porque la vida sea buena, sino para que lo sea. Pero entonces no dejaremos nunca de encontrarle defectos. Poco a poco nos convertiremos en un demiurgo impaciente y en un juez despiadado. Llevaremos a la vida ante los tribunales sin darnos cuenta de que el grito que dirigimos contra ella es, ante todo, en cada uno de nosotros, un grito que la vida dirige contra todo lo que la obstaculiza. Y sucederá finalmente que el deseo de una vida más viva se vuelva contra la vida misma.

Segunda palabra

No obstante, si cada persona ha recibido la vida como un don, no es para sí misma. La vida es un don. Pero recibirla plenamente como tal equivale a ser tan rico que no sentimos celos de ella. Significa empezar ya a dejar que la vida fluya más allá de nuestra propia existencia. El don de la vida se recibe en la medida en que se gasta, se entrega y circula. Nuestras vidas están hechas para dirigirse, para ofrecerse a los demás. Esto se llama amar.

«Aquí estoy» es, pues, la continuación lógica de la primera palabra, el cumplimiento de «gracias». Juntas, estas dos palabras definen nuestro ser de criaturas: la una dice que hemos recibido la vida; la otra que, por eso mismo, no podemos retenerla. «Aquí estoy» será así la palabra del moribundo que, sintiendo que la vida se le escapa, finalmente se entrega. Porque si en ese instante comprende que, desde el principio, su vida solo tenía sentido y sabor en la medida en que era compartida, en esa renuncia definitiva no pierde nada. «Se rinde», como dice la expresión, pero no con las manos en la cabeza ante el enemigo, bajo la orden no negociable de «¡ríndase!». Al contrario, se confía, con las manos tendidas y los brazos abiertos, a Aquel que, en el origen del don de la vida, hace de cada muerte una cita, amistosa o amorosa, y de la vida un camino para alcanzarla.

«Aquí estoy» es la palabra de una renuncia radical de sí mismo que solo sería un abandono terrible si, al mismo tiempo, no fuera el don total de la propia persona. Quien muere diciendo «aquí estoy» hace algo más que morir: revela y reverencia su vida como don.

Misterio

Si el «gracias» certifica que hemos recibido la vida, el «aquí estoy» comprueba hasta qué punto la hemos recibido.

La vida no puede capitalizarse. «Quien quiera guardar su vida, la perderá», advierte Cristo. Y lo ilustra con una historia casi cómica: un hombre rico guarda en su granero el fruto de su trabajo; sueña con vivir en paz y satisfecho el resto de sus días... pero muere aquella misma noche. Caída en picado. En la parábola de Jesús, este hombre, que acababa de inventar algo parecido a la jubilación anticipada, es llamado «insensato» por Dios. Su prudencia aparece aquí como locura. ¿Qué moraleja tiene esta historia, en apariencia inmoral? La siguiente: no podemos apropiarnos de lo que está hecho para circular. Y más aún: Jesús nos dice que ningún bien de esta vida es objeto de posesión. La amistad, el arte y los bienes materiales solo cobran sentido cuando se comparten. Si pretendemos poseerlos —como el celoso, el fetichista o el avaro—, en realidad serán ellos quienes nos posean. La historia de aquel hombre, con su trigo encerrado en el granero, nos enseña esto: no se puede retener para uno mismo el don de la vida sin interrumpirlo, antes que nada, para uno mismo.

La leyenda nos cuenta que el rey Midas, deseoso de poseer el mundo y reducirlo a una medida calculable, una vez recibió el poder de convertir en oro cuanto tocaba. Entonces ya no pudo comer fruto alguno y, al rozar apenas a su esposa, la convirtió en estatua de piedra.

Hay otra manera de expresar esta verdad, menos moralizante, menos prescriptiva. María, la madre de Jesús, nos lo enseñará mejor que yo en estas líneas. Porque yo no hago sino repetir: «No debemos apropiarnos de la vida, no debemos decir esto, etc.». En realidad, una vida que nos pertenece en la medida exacta en que nos desposeemos de ella no es tanto materia de lección como de misterio. Se vive más de lo que se comprende.

Y lo que arroja luz sobre este misterio es otro misterio: la Inmaculada Concepción. Sin duda, no habríamos comprendido nada del carácter absolutamente gratuito de la vida humana sin la lenta maduración de este dogma. Fue proclamado oficialmente el 8 de diciembre de 1854, aunque llevaba siglos gestándose en silencio en el alma de los creyentes.

En las páginas que siguen queremos desplegar la riqueza filosófica del dogma de la Inmaculada

Concepción de María, para hacer más tangible la bendición de esta vida, de modo que el «gracias» y el «aquí estoy» broten con más frecuencia y serenidad del fondo de nuestro corazón. Pues estas dos palabras no esperan más que un gesto nuestro para florecer, silenciosas, en todas las dimensiones de nuestra existencia, como hortensias en la mañana de un mes de mayo.

Nuestro mundo
como el dibujo de un niño

¿Qué significa la Inmaculada Concepción? El texto canónico lo expresa así:

«Declaramos, pronunciamos y definimos que la doctrina que sostiene que la Santísima Virgen María fue preservada intacta de toda mancha de pecado original, desde el primer instante de su concepción, por una gracia y un favor singular de Dios omnipotente, en vista de los méritos de Jesucristo, Salvador del género humano, es una doctrina revelada por Dios y, por tanto, debe ser creída firme y constantemente por todos los fieles.»

Aunque formulado de manera tan solemne y categórica, este dogma, lejos de estrechar el entendimiento, lo abre y lo fecunda. No impone, desde las alturas etéreas de un decreto aristocrático, un nacimiento prestigioso reservado solo a la madre de Jesús. No es un mito destinado a proteger a la Virgen María —y, a través de ella, al mismo Dios— de las fragilidades de nuestra humanidad. Lo que está en juego, como veremos, es más bien la pobreza más grande y más alta, y también la más dichosa. Para María, ser «Inmaculada Concepción» significa existir únicamente en vista de la Encarnación del Hijo. Es ser solamente en función de la Buena Nueva.

El dogma de la Inmaculada Concepción nos exige pensar esta posibilidad: que algo, en este mundo, permanece intacto frente al mal que en él se hace; que algo escapa a la serie de crímenes que en él se cometen y revela que ningún crimen, por atroz que sea, puede mancillar irreparablemente la belleza de la vida ni la bondad de la carne; que algo se funde con el mundo sin corromperse en él. Confesar la Inmaculada Concepción es comprometerse a comprender por qué ni el mal que hacemos ni la desgracia que sufrimos pueden arruinar de raíz la frescura de nuestra esperanza, su inocencia primera. La Inmaculada

Concepción, pues, tiene que ver con la humildad y con la alegría.

No es casual que semejante idea brotara, ante todo, en el espíritu de un discípulo de san Francisco de Asís, en el corazón y en la inteligencia de un amante de la «altísima pobreza» franciscana.

Juan Duns Escoto

Se llamaba Juan Duns Escoto. Nació en 1266 en Duns, un pequeño pueblo de Escocia que aún hoy apenas reúne unos miles de habitantes. Murió a los 43 años. A veces se le nombra simplemente «Duns Scot», reduciendo así su identidad al origen: al nombre de su pueblo («Duns») se añade únicamente que era escocés («Scot»).

Puede decirse de Duns Escoto que fue filósofo y teólogo en los albores del siglo XIV. Ese siglo fue como la cima de la Edad Media: se colocaba la última piedra en las catedrales. Santo Tomás de Aquino, un siglo antes, había muerto sin poner la última piedra a su monumento intelectual, la *Suma de Teología*, donde, como en una catedral, resonaron con amplitud renovada las verdades espirituales del cristianismo.

Al iniciarse, el siglo XIV parecía querer florecer, como si el mundo, aun sin vencer el pecado original ni acabar con la guerra, pudiera, sin embargo, perdurar y producir en paz obras capaces de avivar el deseo y alimentar la esperanza de los siglos venideros. Todo esto fue antes de que la peste pusiera fin a la Edad Media e infundiera un terrible miedo al otro, del que ni siquiera la relación con Dios salió indemne.

La posteridad de Juan Duns Escoto trasciende con creces la Edad Media. Martin Heidegger le dedicó su tesis doctoral. Hannah Arendt, en el siglo XX, resucitó la originalidad de un pensamiento que antepone el amor y la libertad al intelecto y sus rigores. En Francia, Gilles Deleuze creyó ver en su pensamiento una crítica a la teología. Duns Scotus no deja de ser un pensador medieval, discípulo de San Buenaventura y gran conocedor de Santo Tomás de Aquino. ¿En qué nos puede seguir inspirando? La Edad Media es mucho más de lo que la historia oficial quiere que recordemos. Es más que un túnel entre dos épocas de luz que serían la Antigüedad y el Renacimiento. La Edad Media es más un puente que un túnel. Si bien es cierto que se sitúa entre dos orillas bañadas por la luz, es como los puentes que se arquean sobre el río. Las orillas no preceden al puente. Existen gracias a él. Al conectarlas, las inventa como orillas, la una de la otra, salvándolas de su mutua indiferencia. Así, solo se ven bien las dos orillas desde el puente desde el que se observan. De este modo, la Edad Media conecta al hombre antiguo con el hombre moderno, y ninguno de los dos es tan bello como en los bordes de este puente que hay que cruzar para ir de uno a otro. Sin la Edad Media, habría existido el mundo pagano, en el que los dioses y las estrellas ignoraban a los hombres, y luego el mundo moderno, en el que, como los hombres creen conocer las estrellas, han aprendido a ignorar a Dios. Sin la Edad Media, habría existido el mundo encantado pero trágico de los griegos, y luego el mundo desencantado y absurdo de los cafés parisinos. Pero hubo un mundo en el que las estrellas, los hombres y Dios eran unos para otros misterios llenos de palabras y cantos. Entre el silencio valiente del héroe trágico y el esfuerzo desesperado del hombre moderno por engañar al silencio, hubo la letanía de los santos. Hubo la Edad Media.

Filosofía medieval

Ser filósofo en la Edad Media es algo que no se parece a nada. Es hacer metafísica, por supuesto. Es

buscar con todo el corazón y con toda el alma dar
un nombre adecuado al Principio del que este mundo es consecuencia, la «Causa de todas las causas».
Es intentar no invocar incorrectamente el nombre de
Dios, lo que es como la versión intelectualizada del
segundo mandamiento. Es determinar los atributos
fundamentales de la Sustancia: perfección, infinitud,
trascendencia, etc. Pero esta búsqueda metafísica tenía entonces como fondo el cántico que cantar y el
campo que cultivar. *Ora et labora*: oración y labran-
za. Ser filósofo en la Edad Media no era posible
sin haber leído en la Biblia las aventuras del Verbo,
ese extraño camino que tuvo que recorrer, desde la
boca de los profetas hasta el pesebre de un establo.
Filosofar en la Edad Media era, por tanto, no pensar
nunca en el principio de todas las cosas (llamado el
Uno, el Ser, la Idea, la Sustancia, etc.) sin meditar
al mismo tiempo sobre Jesús, sobre el ciego de nacimiento y la mujer hemorroísa, sobre Isaac, Rut y
Jeremías. Las elucubraciones metafísicas del filósofo
no podían olvidar esos rostros. No se superaba la mi-
serable humanidad para contemplar la Idea, como
hacía Platón. Dios, en efecto, había pasado por esa
humanidad y la había santificado. No se partía del
Ser para llegar al hombre, como hizo Heidegger. El
movimiento era inverso: el Verbo se hizo carne y nos

sorprendía que el Ser, Dios o la Idea, consintiera en mamar con avidez del pecho de una mujer y aprender de su padre terrenal a usar sus diez dedos. Nos maravillábamos, no tanto por la inmutabilidad del Principio como por el hecho de que tuviera sed y hambre, de que estuviera cansado en el pozo de Jacob y llorara en el Monte de los Olivos. No leíamos el Sermón de la Montaña a la manera de Tolstói o Víctor Hugo, como un tratado de moral disfrazado de una historia hermosa, pero inútil. No se escuchaba el Sermón de la Montaña sin sorprenderse primero de que Cristo tuviera dos pies para subir dicha montaña, dos pies a los que lanzarse, dos pies que, al estilo de María Magdalena, se podían perfumar y mojar con lágrimas.

La metafísica medieval no tenía como límites el entendimiento, necesariamente limitado, del hombre. Tenía como contorno una historia, que comenzaba con el Éxodo, con la salida de un pueblo de la esclavitud, y terminaba, unos siglos más tarde, con el envío de ese mismo pueblo, convertido, a los cuatro rincones del mundo para anunciar esto: la esclavitud ha terminado para todos, ya que Dios es Padre y su Hijo ha muerto para obtenernos una vida más allá de esta vida.

Ser filósofo en la Edad Media significaba, sin duda, producir verdades metafísicas (Dios es, es perfecto, etc.), pero dentro de una historia y a partir de ella, cruzando los rostros de quienes la poblaban y que no todos, ni mucho menos, eran metafísicos. En resumen, la metafísica de la Edad Media recordaba que el Verbo no salió de la mente efervescente de un hombre, sino del vientre de una mujer.

Infancia contra infantilismos

El rostro que Juan Duns Escoto contempló mientras construía su propia arquitectura metafísica fue el de María. No se dirigió a Dios de forma abstracta, sino que lo hizo acompañado por la madre de Jesús. Incluso recibió el título (compartido con San Bernardo de Claraval) de «Doctor mariano». Se ha dicho del filósofo alemán Theodor Adorno, para elogiar la agudeza de sus análisis, que tenía «el ojo agudizado por el odio». Su aversión por la burguesía le había llevado a sacar a la luz las contradicciones de su época. De nuestro «Doctor Marial» se podría decir todo lo contrario: su ojo es agudo, y a Duns Scotus se le llamaba «el Doctor Sutil», pero es por amor.

Así, María no solo cautivó los ojos y los corazones de los niños durante sus famosas apariciones. Ciertamente, estaban la joven Bernadette Soubirous en Lourdes, la pequeña Mélanie en La Salette, Jacinta en Fátima... Pero María parece amar tanto a los niños que también supo encontrarlos en el corazón de los grandes hombres. Nos sorprende la delicadeza de las páginas que le dedicó santo Tomás de Aquino, apodado «el buey mudo». Y los místicos a los que inspiró, desde Gregorio de Nisa hasta Maximiliano Kolbe, pasando por los grandes iconógrafos rusos o las figuras del Gran Siglo francés como Francisco de Sales o Juan Eudes, parecen hombres que han recuperado la plenitud de su infancia sin perder nada de su madurez intelectual y espiritual.

Pero cuidado: con María no hay infantilismos. Gracias a ella descubrimos que podemos ser plenamente hombres volviéndonos cada vez más los niños que fuimos. Podemos hacerlo y tal vez incluso debamos hacerlo. Porque, al igual que Aristóteles no oponía el hombre al animal y veía en el hombre la posibilidad de una vida más perfectamente animal, plenamente realizada, hasta en sus funciones vitales, del mismo modo el adulto no es la infancia negada, sino, por el contrario, el niño continuado, el niño desplegado, el niño asumido. Cuando mentes fuertes y realizadas aman en María a su madre, realizan la hazaña de ser hombres porque son niños, como el hombre de Aristóteles lo es tanto más cuanto que no ha olvidado, en el camino, ser ese animal que respira y se alimenta, que posee un cuerpo para sentir el mundo y un medio para habitarlo.

Sin duda, amamos a María por muchas razones, algunas de ellas puramente afectivas, tal vez infantiles. Santo Tomás de Aquino la amaba como un niño pequeño y sin duda proyectaba en ella a la madre que abandonó al convertirse en fraile predicador y mendicante. Sería grave que el adulto no fuera el niño continuado, consumado, superado. Lo que sería preocupante, por el contrario, es que hubiera que matar al niño para que surgiera el adulto, y exterminar las larvas para dar paso a las mariposas. Pero nada es tan virilmente tajante. El grito y el canto primitivos sobreviven en la lengua hablada como el niño en el adulto. Y si la lengua olvida ese canto del que procede, ya ni siquiera se hablará, sino que solo se pronunciará, como un ordenador.

Desde lo alto de la cruz, Jesús, señalando a María, proclama: «Hombre, aquí tienes a tu madre». Lo que puede significar: «A vosotros, mis huérfanos, a todos vosotros, porque los padres no lo son menos que sus hijos, a vosotros, pues, os doy una madre sustituta». ». Al hacerlo, Jesús libera a María del vínculo maternal que la unía a ella: en ese preciso momento, lo habrá dado todo, lo habrá perdido todo, estará más desnudo y más pobre que nunca, perfectamente despojado, desposeído, configurado a la muerte para configurar la muerte a Dios, dispuesto a morir para que nadie muera más.

María es, para todos los que la aman, esa madre sustituta. Es esa madre que nuestra propia madre nos ha señalado a veces. Era una forma de prolongar su maternidad más allá de sí misma. Quizás como una forma de liberar al niño de su propio dominio maternal sin dejarlo abandonado, sin madre. María, lejos de ser una figura de regresión, libera a ambos, al niño de la madre y a la madre del niño. María es una madre universal para que nuestra madre terrenal, natural o adoptiva, pueda convertirse en una hermana, ella que, debido a la vejez y la enfermedad, algún día será confiada a nuestro cuidado como nosotros lo fuimos al suyo.

Existe una imposición guerrera, marcial, que quiere que seamos tanto más adultos cuanto menos niños seamos. Por el contrario, existe un «arte marcial», que consiste en sorprender al niño que hay en cada adulto, empezando por uno mismo, y amarlo. El padre que se pone a cuatro patas y acepta entrar en el juego de su hijo, la mujer que confía a su marido sus miedos persistentes de niña pequeña, ellos se han vuelto mucho más adultos que cuando jugaban, de adolescentes, a no ser niños.

Así, María hizo algo mejor que dirigirse a los niños. Fue a buscar al niño que Juan Duns Escoto llevaba dentro. Él siguió siendo filósofo y lo fue aún mejor porque, siguiendo el mandamiento de su Maestro, aceptó «convertirse en un niño pequeño».

No era necesario

Duns Escoto, como filósofo, edificó un sistema vasto y magnífico. Sin embargo, siendo niño antes que hombre, ese sistema no era un aposento ordenado sin fisuras; aquí y allá, incluso al comienzo, aparecían vacíos. Al inicio —como bien dice el Evangelio— estaba el Verbo; pero el Verbo, según Duns Escoto, no promulgó (como hacen muchos sistemas filosóficos): «Esto estará aquí, aquello será así y todo quedará en su lugar». Más bien, en el principio —sostiene el pensador escocés— el Verbo exclamó: «Vosotras, criaturas, a quienes retengo con un soplo en la punta de mi lengua, a quienes, en cuanto pronunciéis palabra, existiréis como yo existo: ¡Sed, pues, simplemente! ¡Sed con abundancia! ¡Sed tan solo por el puro placer de ser!».

Cuando un niño te ofrece un dibujo, naturalmente exclamas: «¡Qué bonito!». Si la pintura está llena de detalles, puedes añadir un gesto de asombro mayor: «De veras, no tenías por qué molestarte tanto». Ciertamente no es verdad: al entregarte su pequeño tesoro, el niño no ha hecho ningún esfuerzo extraordinario. Sin embargo, no te equivocas del todo: él no esperaba tal gesto de nuestra parte. De modo parecido, al recibir el ramo de flores que nuestros invitados nos ofrecen, abrimos los brazos con ese «¡No tenías por qué!» implícito. No invitamos a nadie con la intención de recibir algo a cambio, y ellos lo saben: traen flores, no comida. Con ese sencillo ramo, nos ofrecen algo tan hermoso e inútil como las propias flores para mostrar que han entendido el carácter gratuito de nuestra invitación. El clamor admirado de «¡No tenías por qué!», en verdad, revela que en cualquier intercambio meramente interesado siempre queda algo fuera de la historia. Cada vez que respondemos a una invitación inesperada e inmerecida —incluso entre extraños— lo hacemos compartiendo estos gestos florales. Es un "toma y daca" en el sentido más pleno: el primer don despierta y suscita la generosidad del otro.

El mundo según Juan Duns Escoto se basa precisamente en un inmenso «no debía ser». Para Duns Escoto, el mundo está ahí, ante nosotros, antes que cualquier razón. *Es*, antes de tener razón de ser. El mundo no debía ser. La razón del mundo es ser. Es ser como es el don: más allá de todo cálculo, más allá de toda razón. Como lo son los lirios del campo y las aves del cielo. Si hay un misterio en el que Duns Scot se apoya para defender la Inmaculada Concepción, si hay un dogma que él aprecia por encima de todos, es el de la Creación del mundo por Dios. No, dice el metafísico escocés, el mundo no emana de Dios como los rayos del sol, o como consecuencia de un principio (del tipo: «Dios es bueno, por lo tanto, produce el mundo»). El mundo no *emana de* Dios: fue *creado* por Él, de la nada y para nada.

Emanar y crear son cosas que se oponen absolutamente. Si un griego solo podía concebir el mundo como una emanación del Principio, un cristiano, según Duns Scotus, debería ante todo maravillarse de que el mundo sea una creación. ¿Qué significa esto? Este mundo es un mundo gratuito, suspendido del amor generoso de Aquel que tuvo la audacia; un mundo no sin razón (absurdo), sino más allá de la racionalidad calculadora (gratuito).

Al principio, pues, hay un mandamiento: «¡Que haya luz! Que se separe de las tinieblas, para que uno y otro, uno por el otro, existan! Lo mismo para las aguas del Cielo y de la Tierra, para los mares y las tierras! Y vosotros, los vivientes, ¡sed fecundos!». El *Fiat* divino, soberano, pródigo, incondicional, llega aquí en primer lugar. Es «por lo que» (*quo* en latín) todo es. Es la respuesta que envuelve de antemano todas nuestras preguntas: el «porque» que prima sobre todos nuestros porqués. Es a Él a quien responden, en eco, y tal vez incluso en coro, nuestro «gracias» y nuestro «aquí estoy».

Regalo y belleza

Pero conviene aclararlo: lo que da resplandor a los primeros días de la Creación —que brotan uno tras otro del mandamiento divino— no es simplemente que existen o que tienen razón de ser, sino que existen **para alguien**. El dibujo de ese niño no tiene otra justificación: no tenía por qué existir. Lo que lo vuelve tan hermoso es que está dirigido a ti.

Así pues, lo que mueve al poder divino no es el mero placer de crear, sino el deseo primordial de dar. El Dios cristiano no es solo un divino artista, como imaginaba Nietzsche; no es un dios estético que crea mundos sin descanso para su propio gusto y luego los destruye para concebir otros nuevos. Nuestro Dios

—dice la Biblia— es un Dios celoso, es decir, un Dios enamorado. Está junto a su criatura de la misma manera que un niño queda esperando a que un adulto, absorto en una conversación seria, se fije al fin en el dibujo que le entrega y lo admire: «¡Qué bonito! No tenías por qué hacerlo…».

El arte por el arte no le interesa a Dios. La Creación es *para* alguien. El misterio de la belleza del mundo se debe a ese otro misterio, que la teología cristiana profesa sobre la Creación: Dios es Dios sin necesidad de crear el mundo. Lo crea *ex nihilo*, sin motivo alguno, como un marido que se detiene un momento ante el escaparate de una floristería y decide, de repente, regalar flores a su esposa. Esta podrá sospechar en ese gesto algunas peticiones aún no expresadas, o incluso algunas excusas vergonzosas. O bien una forma, totalmente narcisista, de complacerse en el formidable marido que es. Pero también podrá alegrarse, sencillamente, y abrir sus brazos y su rostro a la dimensión del regalo que se le hace. Del mismo modo, ante el ramo de criaturas que se ofrece a nuestra contemplación, es justo no buscar nada más. Si, como han afirmado muchos filósofos antes y después de Duns Scotus, la Creación no fuera más que un medio que Dios utiliza para conocerse mejor a sí mismo, reflejando su poder en el de su obra, si la Creación no fuera sobre todo la guinda que se toma cuando se hace un regalo a alguien, simplemente no sería bella.

El origen oculto de toda belleza

Una cosa es bella cuando su ser está llamado a entregarse, cuando su sentido fluye de mí hacia ti y viceversa. Lo mismo ocurre con un poema, una sonrisa o un dibujo. No se añade belleza desde fuera; a ellos les es consustancial. Un poema, una sonrisa, un dibujo existen para ser ofrecidos; por eso son bellos. Puede que alguien diga que hay poemas o dibujos que carecen de belleza, pero quizás sea porque no han sido abordados ni ofrecidos como debieran. El autor se hace sentir con demasiada fuerza; no ha logrado liberar su obra, permitir que cobre vida propia. O quizá quiso adaptarla a su público, que es otra forma de retenerla, de no donarla. Hay obras que se reprimen, igual que hay sonrisas forzadas que no arraigan en el rostro de quien las dirige; hay sonrisas que no se expresan, que no salen realmente de la boca que las forma.

La inspiración, en cambio, es la pulsación de una obra esbozada que exige nacer; es un amor de dar tan intenso que, de pronto, hace imposible retener nada.

La pluma corre veloz, pero parece ir más despacio que la idea que anhela alzar el vuelo con su ayuda. La punta del plumín se convierte en el sismógrafo de la palabra que debemos entregar al mundo. La inspiración consiste en dejar pasar por nosotros algo más grande que nosotros mismos; es sentir a nuestro lado a aquellos a quienes la obra, aun por nacer, ya les habla. La inspiración es la experiencia misma de la ofrenda y del don que subyacen en toda la Creación. Y si decimos que una obra bella está inspirada, es porque, sin duda, percibimos fluir a través de ella el aliento mismo de la generosidad.

Un boceto de Miguel Ángel es hermoso no solo porque revela el genio, sino porque, aun trazado casualmente sobre un pedazo de lienzo, ya anticipó la mirada que algún día lo posaría sobre él. Toda obra maestra, incluso inacabada, solo existe en la medida en que está dirigida a otro. Cuando la razón de ser de algo reside en el hecho de entregarlo, cuando un objeto se hace para otro distinto de quien lo crea, cuando la ofrenda es lo que inspiró la génesis de esta o aquella obra, entonces surge la belleza. ¿Quién ha reflexionado alguna vez sobre esto? ¿Acaso nos hemos preguntado alguna vez por el vínculo entre la belleza y la gratuidad? Los antiguos buscaban la clave de la belleza en la armonía, en las proporciones justas, en la proporción áurea. Los modernos, en cambio, han trasladado la belleza de la propia obra a la subjetividad de aquellos que se congregan para poner a prueba su sentido estético, asegurándose así de que compartimos los mismos gustos. Pero la belleza reside tanto en la obra como en el sujeto que la contempla: es la apertura de un ser ante un objeto que, al ofrecérsele, ya se hallaba abierto a él. En suma, la belleza es cuestión de ofrenda antes que problema de gusto o de proporción.

La belleza del culto y de las flores

Se piensa que los fieles reunidos para rendir culto a su Dios han puesto belleza en su ofrenda. Pero ocurre justamente lo contrario: es porque, a través de su culto, entregan a Dios sus cantos y lo mejor de su arte, y es porque los cantos y la ornamentación litúrgica solo tienen sentido en tanto ofrenda, que tanta belleza surge. Nos equivocamos al creer que el rito resulta feo por falta de embellecerlo. La belleza brota espontáneamente de la ofrenda, no se añade. Para "ponerlo bonito", como solemos decir, agregamos al rito cantos ostentosos, luego vibratos en las voces, tambores y adornos, confeti y luces; y, por último, proveemos abundante comida para hacerlo más festivo. Pero si el rito ha quedado tan feo e insípido es porque se ha perdido el sentido mismo de la ofrenda. Los fieles se reúnen para celebrarse a sí mismos y a su propia congregación. Ya no ofrecen a Dios todo lo que tienen ni todo lo que son. Si lo hicieran, bastaría un gesto nimio para que la ceremonia fuera perfecta. La belleza es un juez implacable: cuanto más diriges tu ofrenda a ti mismo, más te contemplas y menos bello te vuelves.

Decimos lo mismo: la belleza es gratuita. Pero es precisamente la gratuidad lo que engendra la belleza. Se objetará que la flor es bella sin estar destinada a nadie. Eso no es cierto: la flor es bella porque es una pura dirección. Aún en capullo promete la belleza; abierta, se ofrece. Es entonces cuando se vuelve verdaderamente bella. Ciertamente, no significa que esté destinada a mí; solo tiene sentido en tanto ofrenda. De hecho, es aún más bella porque todavía no es un ramo. Y un ramo es hermoso siempre que se ofrezca sinceramente.

Para Juan Duns Escoto, el mundo es en verdad un ramo y una rosa: no tenía por qué serlo, y su sentido no es sino una dirección —de las manos del Creador hacia las nuestras— que se abren en alabanza al contemplar la obra ofrecida.

Juan Duns Escoto trazó así una conexión sorprendente para su época: para él, la belleza no es cuestión de necesidad, ni esa sensación que nos embarga cuando todo está en su lugar; al contrario, es un efecto de la contingencia. Una cosa es bella cuando sentimos que podría no ser y, sin embargo, es. Ciertamente, tal como es, es todo lo que debe ser. Pero que sea perfectamente lo que es no impide pensar que bien podría no haber sido. Una cosa es bella no en la medida en que es necesaria ('tenía que ser así'), sino en la medida en que podría no haber sido ('¡oh, pero no tenía que ser así!'). El ojo griego buscaba en el principio de la belleza las reglas que la hicieran necesaria. Desde este punto de vista, el boceto de Miguel Ángel jamás podría considerarse perfectamente bello. Duns Escoto se maravillaba de lo que el mundo podría no haber sido. No admiraba el orden de los cielos sin antes maravillarse de que existiera un cielo. Y su aparente desorden, su esbozo, no los hacía menos exquisitos.

El don del Padre al Hijo

El mundo es un regalo, y justamente ahí radica su belleza.

Parece justo. ¿Pero un regalo para quién?

¿Para nosotros, los últimos nacidos de la Creación? ¿Para nosotros, los hijos del Sexto Día?

Sí, y por eso «gracias» es la primera palabra de toda existencia, la que reconoce el don de la vida y le devuelve su sabor. Así, el don va a las criaturas, aunque no se agota en ellas. La Creación entera, en su hermosura total, se nos revela como un don. Pero el ser humano mismo, en tanto criatura, forma parte del don. No somos tanto destinatarios del don como el propio don. Yo soy, tú eres, él es un don.

Pero, ¿a quién va dirigido este don? Si no es a la criatura, entonces es a Dios mismo. Sin embargo, esta respuesta primera resulta doblemente insatisfactoria. Porque, por una parte, si el mundo va de Dios a Dios, ¿fue creado alguna vez? ¿Puede afirmarse que tiene consistencia propia? Nuestra experiencia del mundo como don, a través del goce de su belleza, ¿no se apoya acaso en la realidad de un mundo creado? Por otra parte, conviene señalar que regalarnos algo a nosotros mismos carece de sentido: todo don es dado por alguien a otro.

Así pues, ¿para quién es el mundo un don, si no para la criatura ni para Dios?

Siguiendo a Juan Duns Escoto, diríamos que este mundo nuestro, y tú y yo dentro, es un don, no vagamente de Dios a Dios, sino más precisamente del Padre al Hijo. La creación es, para el Hijo de parte del Padre, la ofrenda de las condiciones —tiempo y lugar combinados— de su Encarnación. Antes de ofrecer al mundo a su Hijo en vista de la Redención, el Padre ofreció el mundo a su Hijo en vista de su Encarnación. Le ofreció la carne con la que, al nacer del vientre de una virgen, el Hijo se revestiría.

Dios no necesita el mundo para ser Dios, porque, en su ser trinitario —en la circulación del amor que es el núcleo mismo de su existencia— Él recibe todo el conocimiento de sí mismo y todo el amor. Si crea el mundo, lo hace por sobreabundancia, como un acto gratuito. El mundo es simplemente una de las mil maneras en que el Padre manifiesta el amor que siente por su Hijo (el amor que Él es), ofreciéndose a sí mismo la oportunidad de encarnarse en él. Eso es, más o menos, lo que enseña Duns Escoto, al menos en mi entendimiento. Y es aquí donde, como veremos, el dogma de la Inmaculada Concepción cobra todo su sentido.

Por ahora subrayemos lo siguiente: para que el mundo sea signo de amor, Dios debe ser ante todo amor; debe ser Él mismo, en su interior, una relación —como exige la teología cristiana y sobre lo que insistirá especialmente Duns Escoto—, es decir, un Dios trinitario. Para que el mundo sea un don —lo que su belleza nos confirma que es—, y porque no puede ser un don únicamente para las criaturas (ya que ellas mismas forman parte del mundo), era necesario que, al ofrecérselo a sí mismo, Dios no se lo ofreciera solo a sí mismo. Este mundo no va de Dios a Dios como se pasaría un objeto de la mano derecha a la izquierda. Como hemos dicho, tal acción no solo lo privaría de todo su sabor (pues ya no sería verdaderamente un don), sino que además le negaría toda existencia: si no saliera del seno de Dios, este mundo nunca habría sido realmente creado. Pero si Dios es trinitario, si es relación, Él contiene en sí la alteridad que permite que el mundo llegue a Dios por medio de sí mismo, siendo al mismo tiempo verdaderamente dado —creado con vistas a ser dado.

Porque Dios es Padre e Hijo, y entre ellos existe aquel soplo que llamamos Espíritu Santo, comprendemos mejor que el mundo, aun cuando no se dirija única ni principalmente a las criaturas, no por eso deja de estar verdaderamente ofrecido. Este mundo nos resulta tan sorprendente —en sus colores y formas, en la manera en que frustra nuestros planes y todos nuestros diagnósticos, en el soplo de libertad que lo atraviesa hasta lo más profundo de la materia— en cuanto que es, antes que nada, en su propio ser, una sorpresa: la sorpresa que el Padre preparó para el Hijo con vistas a la Encarnación.

Para quien sabe ver, en efecto, la Creación no habla sino de esa locura generosa que el maestro de Duns Escoto, San Francisco de Asís, sentía palpitar en todas partes. La exuberancia y multiplicidad de las formas animales lo atestiguan. Observa los peces con sus mil reflejos, los insectos con su paso sinuoso, los felinos y los cánidos, los árboles y las flores: todos parecen decirnos que existen para la alegría de otro —para "la gloria de Dios", como solíamos decir—. Observa también esos actos que emprendemos sabiendo que nos desbordan: nuestra inclinación a lanzarnos al vacío, a atrevernos a vivir, a caer enfermos, enamorados o embarazados. La vida fue engendrada en un gesto cuya generosidad la supera con creces y la convierte en mucho más que una mera preocupación por la autoconservación. Observa esa causa que sabemos perdida, pero a la que aun así nos lanzamos. Observa las horas dedicadas a velar a un ser querido dormido, próximo a su último sueño. Contempla las catedrales y las sinfonías. Y, más trivialmente, contempla la mano que escribe una firma, dotando con el trazo de pluma un aire principesco a su nombre. ¿Por qué tanta abundancia inútil? ¿Acaso no es porque la vida está hecha de tal manera que no está hecha solo para sí misma? Todo en la Creación habla de exceso, de lo inútil, de lo sobrante que nos rodea sin ostentación. Que la Creación sea un regalo, que vivamos en un don, es ante todo una experiencia. Quienes no lo ven ni lo sienten simplemente han olvidado mirar, reír y dar las gracias. Han perdido el sentido del humor y de la gratitud.

Un regalo que obliga gozosamente

Esto nos permite comprender mejor la doble to-
nalidad existencial de la vida humana: por una parte,
la vida es gratuita, hecha para ser vivida, saboreada y
amada; y, al mismo tiempo —sin que esta gratuidad
se vea disminuida— sentimos que la vida nos obliga, y que, aunque pase por nosotros, no somos sus
destinatarios últimos. Soy un don, sí, absolutamente
gratuito, como el ramo de flores que ofrece un enamorado. Pero, como ese ramo, no soy un regalo para
mí mismo: soy para otro. Por eso me corresponde,
durante toda mi vida, realzar sus colores cuidando de
mi alma y de quienes me rodean. La vida no es, en
primer lugar, una cuestión moral. Es, antes que nada,
un asunto metafísico: un don, más allá de todo mé-
rito, que no reclama otra cosa que nuestro «gracias».
Pero este don, sin constreñirme, me obliga. No se
trata —ni siquiera a posteriori— de hacerse digno de
él; más bien sucede que este don me transporta, me
saca de mí mismo, me toma como en una danza y me
conduce hacia Cristo, único y verdadero destinatario.
Sí, como en una danza: la palabra griega que expresa
la vida trinitaria, traducida al latín como *circumnces-
sio*, es *perichóresis*. Literalmente: la ronda, la danza,
esa en la que basta atreverse a entrar, la coreografía

del amor a la que yo, criatura, estoy invitado a añadir mis torpes pasos.

Me preparo toda mi vida para esta participación en la vida trinitaria. Me preparo, no como un estudiante ante un examen, ni como un acusado ante su defensa, sino como la amada que se engalana: se pone su vestido más hermoso, se trenza el cabello y, cuando pasa la ronda, se atreve a decir: «Aquí estoy».

Como un sobreabundante además

Dios ofrece el mundo a Dios, pero es el Padre quien lo ofrece al Hijo. Como dice san Pablo en la carta a los Colosenses (1,16), todo fue creado no solo por Él, el Hijo, sino también «para Él». Quizá de este pasaje tomó Duns Escoto su visión de la Creación, aquella que hace más visible nuestra vocación de criaturas.

La Encarnación: para eso fue hecho el mundo. Cuando Dios Padre creó el mundo, ya lo estaba ofreciendo al Hijo para que fuese Cristo. Es la Encarnación del Verbo lo que, desde antes de la Creación, es gratuita, gozosa e inmerecida.

Esto lo pensó Duns Escoto en contra del espíritu de su tiempo. Pues en las escuelas se enseñaba otra cosa: que la Encarnación era respuesta al pecado, que Cristo se había encarnado únicamente en vista de nuestra Redención. Escoto replicó que el pecado es, sin duda, una especie de rechazo luciferino de la Encarnación, pero no, de ningún modo, su causa. El pecado es el rechazo del ser como don; es esa manera de buscar un sentido a la existencia que no deja espacio a la gracia. Hacer del pecado la condición sin la cual el Hijo no se habría encarnado es vincular lo que no debe vincularse: es condenar la carne a ser pecadora, siguiendo la creencia de que el pecado original se transmite por el acto de engendrar sexualmente. Pero Duns Escoto, discretamente, mediante una reflexión en apariencia puramente teológica, restituyó a la carne el lugar que le corresponde. Llegó incluso a admitir —pues Dios no conoce límites— que, en cierto modo, la Encarnación cobra todavía más sentido si aparece, a veces, como respuesta al pecado humano. «¡Feliz culpa que nos mereció tal Redentor!». Desde este ángulo, la Encarnación fue, efectivamente, la expresión del amor sin límites de Dios y reveló de Él una de las cualidades que Escoto llamaba *firmitas*.

La *firmitas* es Dios en cuanto «permanece firme». Habiendo creado el mundo, y aunque el mundo se alejara de Él, Dios no le retiró su amor. Al contrario, cuanto más se alejaba el hombre, más audaces eran las formas que Dios inventaba para tenderle la mano. La Cruz fue la última audacia inspirada por su *firmitas*: desde lo alto de su suplicio, Dios proclamó el amor que Él es; un amor tanto más grande cuanto que triunfó sobre el mal más terrible.

La alegría de ser para otro distinto de uno mismo

Resumamos. Dios creó el mundo gratuitamente, como un don. Nosotros somos ese don. Cada uno ha sido dado a sí mismo, pero no para sí mismo. ¿Para quién, entonces? Para el Hijo. Es decir, para Cristo, en sus múltiples rostros: el del pobre y el del rico; el del desconocido cruzado en una calle y el del esposo o la esposa contemplados cada día; el rostro siempre nuevo del otro, y el rostro reflejado en el espejo, con todas sus arrugas, que también debemos aprender a amar.

Cada día, nuestra vida es para Cristo, que en la parábola del Buen Samaritano se llama a sí mismo «nuestro prójimo». Lo que nos juzga, dice Jesús, es no responder «aquí estoy» cuando Él viene a nosotros. Lo que nos salva, lo que salva toda vida, es dar de comer al Cristo hambriento, visitarlo cuando está preso. Lo que nos salva es amar la vida hasta amarla más allá de sí misma. Lo que nos salvará de la nada de la muerte será, en la hora de la entrega definitiva, ofrecerle lo que hemos sido, confiando en Él lo bastante como para saber que nunca nos presentamos ante Él sin ser levantados por Él.

Cada uno ha recibido gratuitamente el ser. Podemos darlo por descontado y echarlo todo a perder, guardándolo solo para nosotros. O podemos, como Cristo nos pide en tantas parábolas —hasta el punto de que quizá ahí se resuma todo el sentido de la vida humana—, hacer fructificar este don para ofrecérselo, para convertir toda nuestra vida en la obra ofrecida de un amor recibido día tras día.

Y entonces ya no será tanto nuestra obra como la suya. Pues, cuando preparamos un regalo para un ser amado, esa persona está tan presente en cada gesto que el don expresará quién es tanto como quiénes somos nosotros. Cuando una madre teje una bufanda para su hijo, cuando una esposa prepara el plato favorito de su marido, el hijo y el esposo están tan presentes en sus pensamientos que reconocerán en esos dones algo suyo. Del mismo modo, cuando consagro cada vez más mi vida a Cristo, ya no soy yo quien vive, sino —como dice san Pablo— es Cristo quien vive en mí (Gál 2,20).

Ni desprecio de sí, ni engaño sobre sí

Lo que el pensamiento metafísico de Duns Escoto nos permite mantener unido —y que con demasiada frecuencia se opone— es, por una parte, el legítimo orgullo de ser uno mismo, la alegría de pertenecer, la buena noticia de saberse para sí —todo lo que hay que conquistar contra nuestras horas de desesperanza, contra la falta de confianza en nosotros mismos, contra las miradas sin amor que nos han herido—; y, por otra, la necesidad de abrirse a más que uno mismo, la alegría de no preferirse al otro, la ligereza con que aprendemos a llevar nuestra propia vida porque sabemos que pasará y que, en el fondo, no es tan grave —todo lo que hay que conquistar contra nuestro orgullo, contra ese «yo detestable», contra la tendencia a colocarnos en el centro de todo.

En definitiva, no se trata ni de odiarse a sí mismo —pues la vida es don— ni de aferrarse demasiado a sí mismo —pues la vida es ofrenda—. Como don, la criatura tiene razón al oponerse a las sabidurías de la muerte —al pesimismo, al gnosticismo o al budismo— con la alegría profunda de ser, con la felicidad de no ser nada. Pero, como ofrenda, debe oponerse a los pequeños placeres que nos alienan, a los derechos que reclamamos sin cesar para nosotros, a toda esa retórica de la autorrealización, con la alegría de no ser para sí, con el alivio de saberse hecho para otro. Hay una dulzura en el dolor de amar, del mismo modo que hay una alegría —aunque paradójica— en ser despertado en mitad de la noche para cuidar a alguien, para consolar a un niño con una pesadilla o para velar a un enfermo.

El concepto filosófico que Duns Escoto legó a la posteridad se sitúa precisamente en este doble movimiento de amor y don de sí: la *ecceidad*, también llamada *haecceidad*, expresa que cada ser es absolutamente único, un «esto» (*haec* en latín) irreductible a todos los demás, aunque ligado a ellos por el género común de su especie. Así, por ejemplo, la excelencia de Cristóbal no consiste solo en expresar perfectamente la idea de Hombre, su «humanidad», sino en ser lo más plenamente posible Cristóbal: este hombre único, irrepetible, con todo lo que hay de irreductible en su persona, su «cristobalidad». Pues Dios —nos recuerda Escoto— no creó primero al Hombre en general y después, secundariamente, a Cristóbal, sino que creó a Cristóbal valiéndose de la idea de Hombre. Como dice Jesús, Dios llamó a cada uno por su nombre. Cada ser es un «aquí estoy» (*ecce* en latín, de donde viene «ecceidad»). Soy una respuesta que nadie puede pronunciar en mi lugar.

Donde llegamos, por fin, a María

El Padre ofrece al Hijo la Creación en la que habrá de encarnarse. La carne es bendita, nos dice Juan Duns Escoto, porque mucho antes de la creación del mundo fue elegida para ser la morada de Dios. En ella no hay pecado que se transmita por contagio —es decir, por contacto (*contagione*)—, como pensó san Agustín, idea que acabaría haciendo de todo amante un sospechoso de lepra. Para Duns Escoto, el pecado, al ser un acto de la voluntad, no es una enfermedad de transmisión sexual. Es, más bien, el "no" que se opone a la Creación: una manera de recibirla como algo debido o como un simple hecho, crudo, neutro e insípido. Es dejar apagar en uno mismo la dinámica del don que sostiene en el ser a todas las cosas.

Que existe el pecado, sí; Escoto no es ingenuo. Pero el pecado es secundario. Llega después. No pertenece a la esencia de la Creación. Tal vez pudo haberse evitado —y aun así, nos dice Escoto, Jesús se habría encarnado igualmente. En la *Reportata Parisiensia* escribe sobre la Encarnación:

«¡Pensar que Dios habría renunciado a tan gran obra si Adán no hubiera pecado sería absolutamente irrazonable! Digo, pues, que la caída no fue la causa de la predestinación de Cristo y que, incluso si nadie hubiera caído —ni ángel ni hombre—, en esa hipótesis Cristo habría sido predestinado de la misma manera»[1].

María, la segunda nacida de toda la Creación

Si la Encarnación es la razón de la Creación, y si la Creación es el don del Padre al Hijo, es preciso

---

[1] Este texto fue citado por el papa Benedicto XVI durante la audiencia general del 7 de julio de 2010. Esta enseñanza, fácil de encontrar, constituye una buena introducción a Juan Duns Escoto.

afirmar que María ya estaba allí desde antes de que existiera el mundo. Ella es la mujer que acudía al pensamiento de Dios cuando meditaba sobre el don que somos. No es la primogénita, pues ese lugar pertenece a Cristo, la Encarnación del Hijo: «por Él», y por tanto también «para Él», todo fue hecho. Él es, como dice san Pablo, «el primogénito de toda la Creación», el alfa y la omega. Según la carta a los Colosenses que ya citamos, Jesucristo es:

«La imagen del Dios invisible, el primogénito de toda la Creación. En Él fueron creadas todas las cosas en los cielos y en la tierra, las visibles y las invisibles: tronos, dignidades, dominaciones, autoridades. Todo fue creado por Él y para Él».

Ahora bien, para que el Hijo llegara a ser Cristo Jesús, para que se encarnara, era necesaria una mujer. Una mujer que desde siempre sería llamada, en boca de su prima, «bendita entre todas las mujeres». Una mujer a la que el ángel Gabriel saluda con este nombre: *kécharitôménè*, «la llena de gracia».

Conocemos la fórmula: *Ave Maria, gratia plena. Dios te salve, María, llena eres de gracia. Χαῖρε, Μαρία, κεχαριτωμένη.* Pero el texto griego no convierte este atributo en un mero adjetivo, sino en un nombre propio. El verdadero nombre de María, aquel que solo Dios conoce, es este: «Aquella a quien la Gracia colma».

O, más exactamente: «Aquella que ha sido y permanece desde siempre objeto de la gracia divina». El término está compuesto con un participio perfecto pasivo, lo cual basta para indicar que María ha recibido la gracia desde siempre. La fórmula del ángel no es, como podría pensarse, un acto performativo, como si desde la Anunciación María se transformara súbitamente en una mujer nueva, colmada de gracia. Más bien parece señalar que el ángel, en el presente de su anuncio, recuerda la bendición que ya la precedía. Desde siempre María ha sido bendita.

Su sorpresa, en efecto, no se refiere a lo que ella es, sino a cómo se cumplirá lo que se le anuncia: «¿Cómo será esto, pues no conozco varón?». María reconoce así el nombre que le pertenece, el que llevaba desde antes de la Creación, el nombre que la llamó a la existencia en vista de Cristo. Su pregunta se enmarca en esa aceptación: cuando Sara, la esposa de Abraham, rió incrédula al oír que en su vejez daría a luz; cuando Zacarías, esposo de Isabel, manifestó la misma incredulidad al recibir el anuncio de la concepción de Juan Bautista; María, en cambio, no duda de que sucederá, solo se interroga sobre el modo en que acontecerá. Para ella, la concepción milagrosa de Jesús brota de una fuente más antigua que el mundo, más antigua que el mismo tiempo.

Esto es, según Duns Escoto, lo que confirma la tradición y la piedad popular: lo que, desde siglos atrás, habían intuido celebrando la Inmaculada Concepción. María, llegada al deseo de Dios antes de la Creación —pues la Creación estaba ordenada a la Encarnación, y la Encarnación pasaba por esta mujer—, llega también antes que el pecado de los hombres. Por eso está exenta de él. Es la excepción a la triste regla de la perpetuación del mal. María es, en este mundo, la inocencia primera.

—¿Y la Santísima Virgen, la rezas?

—¡Por supuesto!

—Eso dicen... Pero dime, ¿la rezas bien, como se debe?... La Virgen era la inocencia. ¡Imagínate lo que representamos para ella nosotros, la raza humana! Sí, detesta el pecado, naturalmente; pero no tiene experiencia de él, esa experiencia amarga que no les faltó ni siquiera a los más grandes santos, ni al mismo Francisco de Asís, por seráfico que fuera. La mirada de la Virgen es la única mirada verdaderamente infantil que jamás se haya posado sobre nuestra vergüenza y nuestra miseria. Mira, hijito mío, para rezarle bien hay que dejarse alcanzar por esa mirada que no es simple indulgencia —pues la indulgencia implica haber probado algo de amargura—, sino ternura compasiva, sorpresa doliente, un no sé qué inconcebible e inefable que la hace más joven que el pecado, más joven que la raza de la que procede...[2]

La gracia preventiva

En el orden de la Creación, María ocupa un lugar primero: Dios la concebía en su pensamiento cuando quiso, no dar al mundo su Hijo en respuesta al pecado —gesto de amor que lo presupone—, sino dar ya a su Hijo el mundo, entregárselo como don de Encarnación.

---

[2] G. Bernanos, *Diario de un cura rural*, en *Obras novelísticas*, París, Gallimard, coll. «Bibliothèque de la Pléiade», 1961, pp. 1192-1194.

Los teólogos de la época de Escoto no admitían la Inmaculada Concepción. Pensaban que, siendo el pecado la causa de la Encarnación, afirmar que María había nacido sin pecado —pura, ligera, intacta— equivalía a insinuar que Cristo no habría muerto por todos. Consideraban que imaginar a una criatura, incluso a su Madre, sin necesidad de Redención, era disminuir el sacrificio de Cristo. Escoto, sin embargo, no pensaba que el pecado fuera la causa de la Encarnación; veía en él más bien su rechazo. Con ello resolvía de un golpe la cuestión: María es Inmaculada Concepción y, al morir en la cruz, Jesús ofrece su vida por todos; lo uno no anula lo otro. Nuestro franciscano, aun así, jugó el juego teológico y sostuvo que la gracia de Dios era tan amplia, y su libertad tan perfecta, que podía, en previsión de la Redención, preservar a una criatura —precisamente a aquella que llevaría en su seno al Redentor: María. A esta idea, elaborada con fines estrictamente teológicos, la llamó «gracia preventiva».

Entonces surge la pregunta: ¿María es «inmaculada» en razón de la Redención, porque la gracia de esta es tan poderosa que preservó desde siempre a la Madre del Redentor del pecado? ¿O lo es en razón de la Creación, porque, siendo el mundo el lugar destinado a la Encarnación del Hijo, María habitaba ya en el pensamiento del Padre desde antes de todo comienzo, incluso a pesar de la catástrofe del pecado? ¿Su Inmaculada Concepción debe entenderse en referencia a la Caída o en referencia a la Creación?

En realidad, todo se sostiene. Porque, concebida antes que todas las criaturas, María pudo recibir lo que a las demás les fue negado: ser preservada del pecado. La *firmitas* de Dios consiste, en primer lugar, en dejar que la Creación siga su curso. Perdida la inocencia, la Creación entró en la Historia, en el turbio juego del poder, de la envidia, de la guerra y de la posesión. Nadie escapa a ese pecado que, sin determinar cada decisión, pesa sobre todas ellas. Si Dios hubiese eximido del pecado a toda la Creación, habría anulado su consistencia propia. Y, sin embargo, Dios creó verdaderamente el mundo: respeta cada uno de sus acontecimientos, incluso los contrarios a su plan. En el Génesis vemos cómo Dios se retira, dejando a Adán y a Eva entregados el uno al otro. Su alegría es vivir y dejar vivir. Y cuando reaparece, pregunta: «Adán, ¿dónde estás?». Ve la vergüenza del hombre. Llora nuestro pecado. Pero no se impone sobre la libertad con el orden de su Gracia. Habiendo roto Adán y Eva aquel vínculo primero y evidente, Dios se convierte en esa voz que, incansable y discreta, sin violentar jamás la libertad de sus criaturas, pregunta: «¿Dónde estás? ¿Dónde está tu hermano?».

«Adán, ¿dónde estás? Caín, ¿dónde está tu hermano?». No es una cuestión de geolocalización. Es un llamado a hacer brotar el «aquí estoy».

Pero hay una criatura a la que Dios pudo preservar del pecado sin dañar la libertad de la Creación, sin negar su consistencia: María. Surgida en el pensamiento divino antes que el mundo, pertenece a Dios más que a él. En Escoto, el argumento de la gracia preventiva se apoya así en la primacía de la Encarnación sobre la Redención, aunque esta última le confiera aún mayor densidad. Dios pronunció el nombre de María antes de pronunciar el mundo. Y cuando este cayó, guardó ese nombre en su corazón; y cuando lo pronunció en la historia de los hombres, fue como un nuevo Fiat, una ocasión de renovar la faz de la tierra.

María es la carta que Dios reservaba en su juego, apartada pacientemente mientras veía cómo la partida se corrompía y se perdía. Satanás, «príncipe de este mundo», creía dominar la mesa, tener la mano ganadora. El juego, iniciado para el gozo, se había convertido en trampa, en lucha desesperada por vencer a toda costa, en un juego falseado. Tan arruinado estaba, pensaba Satanás, que Dios desistiría de su proyecto, de ofrecer el mundo a su Hijo. Ese es, en efecto, el trabajo del maligno: hacer irreconocible el orden creado.

Pero se abrió una brecha en el juego humano, en ese infierno que parecía cerrarse sobre sí mismo. Una rendija se abrió en la historia, por la que entraría el Hijo. Dios jugó entonces la carta decisiva que aguardaba: María daría a luz un Hijo, proclamando así que Dios ama al mundo hasta el punto de sobrepujar al mal que lo hiere, demostrando que, en verdad, el juego vale la pena.

Afirmar, pues, con Duns Escoto, que la gracia preventiva nace de la bondad de la Creación, y decir que María está preservada del pecado porque le es anterior, es poner las cosas en su sitio: no es la Redención la causa de la Encarnación, sino la Encarnación la que hace necesaria la Redención. En otras palabras, porque la vida es ya desde siempre bella y buena, porque este mundo es aquel en que el Hijo deseaba encarnarse, la Redención fue posible y real. El mundo no fue creado para ser salvado —eso sería absurdo—; fue salvado porque había sido creado. Fue salvado porque, desde su origen, Dios había dicho de él que era «bueno», y, tras crear al hombre —la carne que habría de revestir su Hijo—, «muy bueno».

Utopía mariana

Habría que contar la vida de María desde la mirada que posaba sobre los seres, desde el corazón que no podía comprender el mal ni entrar jamás en sus vanos cálculos. Habría que leer el mundo desde ese corazón traspasado, tal como lo anunciaba la profecía de Simeón. María, que es al mismo tiempo doncella y madre, manifiesta plenamente el lazo que une maternidad e inocencia. Las madres saben cómo arrebatarle al mal la última palabra: trayendo un hijo al mundo. Porque la inocencia llega siempre —y de nuevo— con el niño. Cada hijo es una primera vez otra vez. Y cada vez que un corazón se ablanda en contacto con María, la inocencia recupera un poco de terreno sobre nuestro cansancio y nuestra vejez. Léon Bloy escribía así de María: «Es a fuerza de ser Madre de Dios que María es perfectamente Virgen»[3].

---

[3] L. Bloy, *Le Mendiant ingrat*, en *Journal I 1892-1907*, París, R. Laffont, coll. «Bouquins», 1999, p. 88.

De igual modo habría que narrar toda la historia del hombre desde su obstinación en creer que siempre es posible un nuevo comienzo. Hay en la figura de María una fuerza utópica: si en este mundo hubo un ser cuya naturaleza no obedecía a las leyes que lo rigen desde la Caída, entonces tal vez exista en mí, y en cada uno de nosotros, esa parte de cielo, esa parcela liberada de todo mal, esa virginidad. La Historia se vuelve infernal cuando se cierra sobre sí misma, cuando repite y balbucea lo mismo de siempre: dominación, corrupción, tedio convertido en fanatismo. Pero así como María aplasta la cabeza de la serpiente sin dar siquiera la impresión de luchar, ocurre que a veces el hechizo se rompe, el alambre de espino cede y el espacio se abre de repente para obrar, moverse, amar. La espiral sería interminable si no tuviéramos la posibilidad de inaugurar algo absolutamente nuevo. María, como vio Hannah Arendt —una de las herederas de Duns Escoto—, nos inspira precisamente esa esperanza. En las últimas líneas de *La condición humana* escribe:

«El milagro que salva al mundo, el ámbito de los asuntos humanos, de la ruina normal, "natural", es en última instancia el hecho de la natalidad, en el que se arraiga ontológicamente la facultad de actuar. En otras palabras: es el nacimiento de hombres nuevos, el hecho de que comiencen de nuevo la acción de la que son capaces por derecho de nacimiento. Solo la experiencia plena de esta capacidad puede conceder a los asuntos humanos la fe y la esperanza, esas dos características esenciales de la existencia que la Antigüedad griega ignoró por completo, descartando la fe jurada como una virtud rara e insignificante, y relegando la esperanza entre las ilusiones perniciosas de la caja de Pandora. Esa esperanza y esa fe en el mundo encontraron sin duda su expresión más breve y gloriosa en la pequeña frase de los Evangelios que anuncia la "buena nueva": *Un niño nos ha nacido*»[4].

---

[4] H. Arendt, *La condición del hombre moderno*, París, Calmann-Lévy, 1988, p. 314.

6.

El mundo visto
por María

La jovencita repite una y otra vez la frase: «Que soy era Immaculada conceptiou». Estamos en 1858, en Massabielle, cerca de Lourdes. La joven pastora había visto a la Bella Señora y, sin saber quién era, le hablaba, dejándose llevar a la gruta donde se daban cita. Aquello provocó gran alboroto en el pueblo. El clero se oponía con firmeza a esa niña que no sabía leer ni escribir, ni siquiera hablar francés. Es sorprendente que algo que podría servir a la gloria de la Iglesia sea rechazado por ella misma en un primer momento. Y, sin embargo, es también reconfortante: por una extraña gracia, la Iglesia instituida resiste a los signos divinos que, si se los apropiara de inmediato, no aparecerían a los demás hombres más que como signos de su propio poder.

El párroco de Lourdes escuchaba los relatos de Bernadette sin creer en ellos. «Pregúntale su nombre», le repetía, como para aplazar la atención a este nuevo problema —el de las apariciones—, que se sumaba a los que ya lo desbordaban, desde el tejado que goteaba hasta la viga podrida: todos más concretos y urgentes. Bernadette obedeció y preguntó. La Bella Señora no respondía. O mejor dicho, sí: respondía, pero con una sonrisa. Siempre con una sonrisa. «¿Cuál es tu nombre?» La pregunta, sin embargo, no tenía nada de gracioso. Es cierto que Dios también había contestado de otro modo. *Ehyeh asher ehyeh*: «Yo soy el que soy». Eso fue lo que escuchó Moisés cuando preguntó: «¿Quién me envía? ¿Cómo te llamaré delante de mi pueblo?». «Yo soy el que soy»: es decir, sígueme, si quieres saber quién soy. Vive conmigo, y lo sabrás. Porque el nombre está hecho para ser vivido, para posibilitar un encuentro, no para encubrir la realidad nombrada como si ya no fuera necesario compartir con ella un trecho del camino. El nombre no está hecho para clasificar una cosa bajo una idea, sino para que, a través de él, podamos llamarnos e invocarnos. Esto mismo pensaba Duns Escoto, quien, como vimos, prefería a Cristóbal —único y concreto— antes que al Hombre, mera idea general.

Volvamos a Bernadette. Un día, tras una enésima pregunta, recibió por fin algo más que una sonrisa. Su paciencia, suave y obstinada, fue recompensada. La Bella Señora le dijo: «Yo soy la Inmaculada Concepción».

Bernadette dejó que cada palabra se imprimiera en ella como un niño que aprende de memoria un poema. Primero, esas dos palabras: «Yo soy». «Je suis» significa también «yo me llamo». Es fácil de recordar. Y como lo que sigue es un nombre extraño y difícil, repite sílaba por sílaba para poder transmitirlo al sacerdote: *Immaculada conceptiou.*

Agradece a la Bella Señora y corre, repitiendo el nombre, para que no se le escape. Un nombre se olvida tan fácilmente… sobre todo si, como en este caso, suena raro.

Jadeante, entra sin llamar en casa del abad. Éste se escandaliza de tal desparpajo: presentarse así, sin saludar, y soltar de golpe, sin comprender bien su sentido:

«Soy la Inmaculada Concepción». El cura piensa que la muchacha ha perdido el juicio. Está a punto de reprenderla por blasfema. Pero no lo hace. Porque, al fin, ha llegado el nombre. El nombre que había pedido, y que hasta entonces no había venido más que en forma de sonrisa.

María se nombra a sí misma «Inmaculada Concepción». El nombre está dado. Tras un instante de estupor, el abad se maravilla de la finura teológica de la pequeña Bernadette. Ese nombre no decía simplemente que la concepción de María había sido inmaculada. Decía algo más profundo: que María no era otra cosa que su concepción divina; que todo el sentido de su vida radicaba en haber sido concebida así por Dios, en vistas a su Hijo y desde antes de los siglos. Bernadette añadía, sin saberlo, algo a un dogma que ignoraba. Eso fue lo que desarmó al sacerdote y lo llevó a tomarla en serio. Porque ella había tocado el misterio que intentamos comprender: la razón de ser de María es la Encarnación de su Hijo. Y, como anunciaba Bernadette, ella no es nada fuera de eso. Estar en vista de Cristo: lo que es para nosotros tarea —para que al final podamos decir sin reservas «heme aquí»—, eso constituye el ser mismo de María. Ella entera brota de esa fuente. Su vida se sostiene entre dos latidos: «gracias» y «heme aquí».

En 1858, Bernadette Soubirous reveló al mundo el nombre con que María se designa a sí misma. Ese nombre era precisamente el que Duns Escoto había intentado escuchar más de cuatro siglos antes. Al filósofo le tocó la infancia de todas las cosas; a una niña, algunos siglos más tarde, le tocó la filosofía más alta y más honda.

Un niño nos espera

Si todo lo que acabamos de decir es verdad, si el mundo existe por esta Encarnación para la cual Dios había pensado a una mujer llamada María, entonces el tiempo histórico comienza a fluir al revés. El niño que ha de nacer se convierte en la razón misma de nuestro mundo. Ya no es, como en la ciencia, el pasado el que explica el futuro, sino el futuro el que atrae hacia sí todo el pasado: todo, en la Creación, converge hacia el nacimiento de aquella que dará a luz la razón secreta del mundo.

¿Qué es, entonces, el mundo, una vez comprendida su razón de ser?

Es un nido que se va tejiendo pacientemente. Es el haz de mil ramitas traídas por mil aves de paso. Y esas ramitas son toda la materia de la que está hecha la Creación: la materia oscura del caos primero, el agua salada de los mares, la tierra que emerge, el cielo y sus arcoíris, las plantas que se pudren y las que florecen. Los animales, con su loco instinto de supervivencia y la sabiduría que poseen para habitar el mundo. Nada de eso encuentra su sentido en cadenas de causas anteriores que se empujan unas a otras. Todo madura en vistas a un futuro que aún nadie puede ver. La causa es final: está más allá; y por mucho que miremos las aguas, el cielo, las montañas y los árboles, todavía no vemos aquello de lo que son promesa. No vemos de qué nido son ramitas.

Entre las aves que lo construyen, hubo algunas grandes: Abraham, Moisés y el faraón; David y Jeremías. Ellos fueron aceleradores de la Historia. Pero también hubo, y así lo dice la Biblia, gorriones y golondrinas, aves de un simple aleteo. Estuvieron Judá y Tamar, Noemí y Rut, y tantos otros cuyos nombres no quedaron registrados en el relato, pero cuyas ramitas están ahí, entretejidas con las demás, sin las cuales el nido se desharía. Incluso David, al principio, no era más que un hombre sin importancia.

Mientras el nido se construye, algunos vuelven la mirada al pasado. No ven en él más que un cúmulo de azares. Ni siquiera advierten que es un nido. No comprenden que el pasado está contenido en el futuro, y no al revés. No son profetas. Dicen: «Nada nuevo bajo el sol». «Vanidad de vanidades».

Pero algunos saben. En el llanto de cada recién nacido escuchan el eco del niño que vendrá. En cada mujer que se cruzan, presienten a aquella que estuvo en la mente de Dios desde siempre, antes incluso de crear el mundo. No lo saben, pero lo sienten. Intuyen a María y a su Hijo Jesús, aunque todavía no puedan nombrarlos. Hablan de un Mesías, de un niño nacido de una virgen, de un siervo sufriente. Hablan de salvación, de alegría, de miel, de una Jerusalén con las puertas abiertas de par en par.

Esos son los profetas: saben que el pasado pertenece al futuro y que un día será fecundado por él. Perciben algo de lo que Dios lleva en el corazón. A veces se desesperan del presente, pero no porque piensen que un «ayer» fue mejor, sino porque conocen la locura de lo que está por venir, y esa certeza los hace impacientes. Los profetas querrían que todo el pueblo se convirtiera en ramitas, para que el nido estuviera listo cuanto antes, ahora mismo si fuese posible. Pero el pueblo y sus sacerdotes no ven nada de lo que ocurre. Ignoran el nido en construcción. Prefieren elegirse un rey, hacer la guerra, ir de compras, hablar mal unos de otros, asesinarse por celos, por negligencia o por cualquier otra causa que, frente a lo único que realmente importa —ese nido silencioso que cada día crece—, resulta terriblemente ridícula.

Y, sin embargo, este mundo se convierte poco a poco en un nido, en un óvulo fecundado por el Padre. A pesar de la impaciencia de los profetas, aún hay que esperar un poco más. Esperar a que llegue la hora de María.

Hacer inmaculado todo

Este nido-enjambre está hecho de los cien cuentos inverosímiles que leemos dentro y fuera de la Biblia. Se va tejiendo, poco a poco, a lo largo de mil y una noches. Es lo que justifica todas las historias y bendice todas las noches. Un día, el nido está listo. La Encarnación se aproxima. El mundo va a encontrarse con su razón de ser. Las criaturas, con su Creador: Cristo, en quien sus vidas hallan destino. El nido, como el óvulo en el seno de la mujer, se desplaza. Encuentra su lugar en el vientre de María. La historia del pueblo judío —que es también la historia de toda la humanidad— entra en ella. María había sido concebida, antes de todos los siglos, para ser la que, en sus entrañas, llevara la promesa y entregara al mundo el sentido de su existencia.

Entonces sucede algo inaudito, algo que añade a la historia del mundo —ya de por sí un don gratuito— una historia aún más insensata: la historia de un perdón gratuito. Porque en Jesús, llamado también el Hijo del Hombre, no solo se revela la bondad de la Creación —ya que Dios quiso encarnarse en ella—, sino que también queda salvada, y con ella todas las generaciones que el mal había dispersado, desgarrado, herido de muerte. Aquí, finalmente, los tiempos se invierten del todo: no solo hubo una larga preparación hasta que el nido estuviera listo para el niño que debía nacer; también todo lo que contribuyó a levantarlo, incluso los vientos contrarios, incluso las ramitas que se perdieron, desde este nacimiento son rescatados, redimidos, justificados.

Toda la descendencia davídica, tan sinuosa, queda salvada.

Ya nada es en vano, porque todo conducía a Cristo. Y nada lo será jamás, porque Cristo, por su

Encarnación, santificó la existencia humana en todas sus dimensiones.

No se debe entender la Inmaculada Concepción
como un dogma que preserva a María de la mancha
del mundo o que la proyecta a cielos inalcanzables. La
transparencia de María a Dios es transparencia a su
proyecto de Encarnación. María es la más encarnada
de las criaturas porque, por su consentimiento al ángel
Gabriel, la carne —buena en sí misma— fue librada
del mal con que el pecado la había envenenado.

Genealogía

En la genealogía de Jesús que Mateo coloca al
inicio de su Evangelio aparecen cuatro mujeres, siendo María la quinta. Además de no ser judías de nacimiento, tienen en común que, si no todas son pros-
titutas, todas realizan actos de prostitución. Y esto
también es la Inmaculada Concepción: el Sí que Dios
da de antemano a su Creación, porque se sintió capaz
de bendecirlo todo, incluso las torpes alianzas de Judá
y Tamar, de Booz y Rut, incluso las sospechosas de
David y Betsabé. Ella es ese «Sí» para el que Dios había preparado a María desde antes de todos los siglos.

María no es «virgen» en el sentido de estar in-contaminada del mal que sufren los hombres, como si estuviera por encima de nuestras luchas, sino en el sentido de que Dios quiso mantenerse firme y juzgar ese mal a partir de sus frutos. Así como se habló en relación con Jesús de una «pureza ofensiva»[1] —que no consiste en evitar al leproso o al pecador, sino en ir a su encuentro para devolverles la pureza—, del mismo modo María, acogiendo en su seno al Hijo de Dios, bendice retrospectivamente todo lo que la precede.

Si habláramos una vez más en los términos de Duns Escoto, diríamos que María, pensada por Dios antes de todos los siglos, expresa algo que es de Dios y que el teólogo escocés llamaba su *acceptatio*. Dios amó a la humanidad hasta el extremo de tomar en serio el mal que la aprisionaba, al punto de convertirlo en ocasión de un amor más radicalmente entregado. Dios «acepta»: recoge en sí, sobre sí, lo que los hombres hicieron y, en lugar de aniquilar esa violencia que no podía hacer suya, la transforma en

---

[1] Véase C. Grappe, «Jésus et l'impureté» (Jesús y la impureza), *Revue d'histoire et de philosophie religieuses*, año 84, n.º 4, octubre-diciembre de 2004, pp. 393-417.

bien mayor, como la unión ilegítima de David y Betsabé acabaría engendrando al hombre que cuidaría de María.

María llega al final de la genealogía en el Evangelio de Mateo, el último eslabón antes de Jesús. Eso significa que nada de lo que precede al nacimiento de Jesús, nada de esa historia tan marcada por el pecado humano, queda definitivamente impuro. Y que toda vida, por tortuosa que sea, con tal de que lo desee, puede entrar en una vida nueva.

El niño que nace de María comienza a salvar el mundo desde su primera respiración. Lo salva, primero, así: respirando. Durmiéndose contra el pecho de su madre después de mamar. Al comienzo del Verbo hecho carne, Dios salva al mundo casi sin darse cuenta: viviéndolo. Ésta es su manera de bendecirlo.

Eso tiene un nombre: «Nazaret». O también: «la vida oculta de Jesús», la Salvación en silencio, sin exigir nada, como una rosa que se abre en un campo de batalla y que, en cada pétalo desplegado, contiene una victoria más grande que todas nuestras muertes.

María, como de pasada

El texto que estás por terminar quizá te parezca extraño: anuncia a María, pero para llegar hasta ella toma tal impulso que se remonta a los albores de los tiempos, a la aurora de todo, a María tal como Dios la concebía cuando aún nada existía... Luego, una vez alcanzada, parece atravesarla casi sin detenerse, apenas de pasada. El lector enamorado de la Virgen María sentirá, sin duda, cierta frustración.

A no ser que recuerde las palabras de uno de sus más grandes devotos: Luis-María Grignion de Montfort. Este sacerdote bretón, santo del siglo XVIII, amigo de los pobres y pobre él mismo durante toda su vida, escribió de María que es «el admirable eco de Dios, que no responde sino Dios cuando se la invoca como María». Así como José vivió a la sombra de María, María vivió a la sombra de Dios. Ése era su lugar, que ocupaba sin esfuerzo, como una Marta enteramente entregada a su tarea y, al mismo tiempo, plenamente consagrada a Cristo.

De María se puede escribir mucho. Pero en general, siempre será demasiado. María vivió a la sombra de Jesús, como san José a la sombra de María. Pero ambos sabían que esas sombras eran el corazón de la Luz.

La universalidad de María

María es una figura universal, que habla a todos, tanto al ateo como al musulmán. Se ha dicho: es una madre universal. Ahora bien, para convertirse en una figura universal, hay que ser un poco menos que uno mismo. No insistir demasiado en el propio yo. Retraerse, no decir a cada paso «yo». Para ser más grande que uno mismo, es necesario no ser únicamente uno mismo.

Concebida por Dios, María va más lejos: no solo no se apoya en su propio ser, sino que consiente en no ser nada por sí misma. Ni siquiera «sierva», como se nombra en el Magníficat, sino «humilde sierva». Dicho de otro modo: María vivió como buena noticia nuestra condición de criaturas, nuestra vocación a nacer para ofrecernos al Hijo.

Podría decirse, entonces, que María fue plenamente ella misma. Hay que imaginarla ágil, despierta, rebosante de alegría. Porque precisamente era ligera de sí misma. María permaneció niña, doncella, y a la vez se convirtió en madre. No se resistió a Cristo, no se lamentó como Jeremías porque Dios la hubiera elegido, ni huyó como Jonás de las manos del Dios vivo. Ser Inmaculada Concepción es acoger sin resistencia la realeza de Cristo sobre cada vida humana. Significa, ciertamente, experimentar —como decía Bernanos— una «dolorosa sorpresa» frente al mal. Ése fue el precio de su eterna juventud: nunca se habituó al mal. Pero, salvo por eso, halló a Dios como lo más natural. Ser Inmaculada Concepción es presentir que este mundo, despojado del pecado y de los miedos que el pecado engendra, bien podría ser el Paraíso. Es saber, desde el amanecer, que Dios será siempre una alegre sorpresa. Es dejarse interrumpir por Él con gusto.

Simplicidad

La vida orientada hacia Dios a veces resulta ardua. Es preciso desplazarse, dejar espacio, permitir que Dios agrande las dimensiones de nuestro corazón y de nuestro deseo. Hay que aceptar, a fuerza de oración, ser colmados mucho más allá de lo que nuestra sola satisfacción alcanza. Como los padres jóvenes, hay que resignarse de antemano a ser despertados en mitad de la noche.

La vida con Dios a veces es difícil. Pero no es complicada. Es sencilla como acoger este día como un bien. Es sencilla como la delicada belleza de una flor. Es sencilla como la confesión, ardua pero fecunda, de una falta, gracias a la cual la verdad se hace y el amor circula mejor.

Ser Inmaculada Concepción —o llegar a serlo— es vivir a Dios como lo más sencillo que existe, sin desesperar porque en ocasiones sea tan arduo. Es Dios al alcance de la mano, con la única condición de que sea una mano abierta, que recibe en vez de apropiarse.

Así se asombraba María del niño que tuvo la gracia de llevar en su seno, aunque para ello debiera antes dejarlo todo. Delante de su prima Isabel, exclama maravillada: «Ha puesto sus ojos en la humildad de su sierva». En esas pocas palabras, María dice algo esencial sobre sí misma: que no existía sino en virtud de la mirada de amor posada sobre ella. Su existencia era recibida, en proporción a su Sí. La Inmaculada Concepción significa no deber nada a uno mismo. Saber que solo existimos en la medida en que estamos bajo una cierta mirada, en el haz de una luz que viene de más allá de nosotros.

Nuestra concepción llegará a ser, poco a poco, inmaculada si, siguiendo a María, entendemos que nada somos por nosotros mismos, y que precisamente así se nos concede gustar mejor de Aquel que, en cada instante, con la bondad de su mirada, nos arranca de la nada —es decir, nos concibe.

La Inmaculada Concepción es brotar de Dios a cada instante.

El 15 de julio de 2020,
Día de San Buenaventura.

Descubrir el pensamiento de Juan Duns Escoto

Leer a Juan Duns Escoto en sus propios textos no resulta sencillo, cuando no imposible: si no se domina el latín, son pocos los escritos disponibles en traducción francesa. Fragmentos de su gran obra, la *Ordinatio*, aparecen dispersos, publicados en distintos volúmenes por numerosos editores.

Por eso remito aquí a algunos de los trabajos más accesibles, que a mí mismo me ayudaron a descubrir al pensador franciscano y a adentrarme —espero que no demasiado torpemente— en su pensamiento. Porque este autor, escocés como lo fueron David Hume o Conan Doyle, no recibió en vano el sobrenombre de «Doctor Sutil»...

Para iniciarse en su pensamiento

— Gilson, Étienne, *La Philosophie au Moyen Âge*, París, Payot, 1999, p. 591-621.

— Heimsoeth, Heinz, *Les Six Grands Thèmes de la métaphysique*, trad. A. Pernet, París, Vrin, 2003.

— Ingham, Mary Beth, *Initiation à la pensée de Jean Duns Scot*, trad. Y. Soudan, con la colab. de G. Eguillon y L. Mathieu, París, Éd. Franciscaines, 2009.

— Chestov, Léon, *Athènes et Jérusalem*, trad. B. de Schloezer, París, Le Bruit du Temps, 2011.

— Arendt, Hannah, *La Vie de l'esprit*, trad. L. Lotringer, París, PUF, 1981, p. 429-456.

Obras más especializadas

— Blumenberg, Hans, *La Légitimité des Temps modernes*, trad. M. Sagnol, J.-L. Schlegel y D. Trierweiler, París, Gallimard, 1999.

— Boulnois, Olivier, *Être et représentation : Une généalogie de la métaphysique moderne à l'époque de Duns Scot*, París, PUF, 1999.

— Falque, Emmanuel, *Dieu, la chair et l'autre. D'Irénée à Duns Scot*, París, PUF, 2008.

— Forthomme, Bernard, *La Pensée franciscaine. Un seuil de la modernité*, París, Les Belles Lettres, 2014.

— Loiret, François, *Volonté et infini chez Duns Scot*, París, Kimé, 2003.

Véase también, en relación con la idea de un «no era necesario» originario:

— Dewitte, Jacques, *La Manifestation de soi : éléments d'une critique philosophique de l'utilitarisme*, París, La Découverte, M/A/U/S/S, 2010.

Últimos títulos publicados

(www.editorialdidaskalos.org)

Suscríbase en nuestra web para recibir las mejores promociones

Didaskalos

102 ESPERANZA RADICAL
Ética frente a la devastación cultural
Jonathan Lear

101 LOS MÁRTIRES QUE NO FUERON
Melchor Sánchez de Toca

100 CORAZÓN DE CRISTO
Amor salvador, amor salvado
José Granados

99 HONRAR LA CARNE
José Granados y Stefan Zarnay

98 BIBLIA Y LITURGIA
La teología bíblica de los sacramentos
y de las fiestas en los Padres de la Iglesia
Jean Danielou

97 REDENTOR DEL HOMBRE
Félix Rodríguez Barbero

96   LOS 21
        Viaje al país de los mártires coptos
        Martin Mosebach

95   MARCOS
        Comentario contextual al segundo Evangelio
        Klemens Stock

94   JESÚS, BONDAD DE DIOS
        Meditaciones sobre el Evangelio de San Lucas
        Klemens Stock

Didaskalos Cor ad Cor

8   VIVE A CORAZÓN ABIERTO
       Juan Antonio Granados

7   DE BRAZO EN BRAZO
       25 abrazos del Niño Jesús a los Santos
       Francisco Vidal

6   CON LOS PIES EN LA LUNA
       Francisco Vidal

5   DEL DESIERTO AL JARDÍN
       El camino de la Pascua
       Francisco Vidal

Didaskalos Pedagogía

14   NUDO Y DESENLACE
       Grandes relatos para desatar la adolescencia
       Ignacio Serrada, Jorge Valero y Juan Antonio Granados (eds.)

13 ¿Y AL MAESTRO QUIÉN LE HACE?
   Carlos Díaz

12 LITERATURA Y FORMACIÓN ÉTICA
   Alfonso López Quintás

11 CINCO PREGUNTAS BÁSICAS PARA EDUCAR...
   Y GUÍA DE RESPUESTAS E IDEAS CLAVE
   M.ª Teresa Granados Galainena

Didaskalos Profamilia

7 ENGENDRAR UN HIJO
   Pierpaolo Donati

6 LA AVENTURA DE SER PADRE
   O LA ESPERANZA DE SER SORPRENDIDO
   John McCarthy

Didaskalos Literatura

15 Todos los caminos conducen a Claudia
   Juan Ignacio Izquierdo Hübner

14 HASTA QUE EL DIABLO DESCANSE
   Pablo Martínez de Anguita

12 LA CONVERSIÓN DE DON JUAN
   Tragedia en tres actos
   Fabrice Hadjadj

Colección *Veritas Amoris*

3   MISTERIO DE COMUNIÓN
     Eucaristía, Matrimonio e Iglesia Sacramento
     Leopoldo Vives, dcjm

Colección *Grandes Palabras*

3   EDADES DE LA VIDA
     Marta Casas, Virginia Cagigal

Colección *Escuela de la palabra*

10   EL APOCALIPSIS DE JUAN
     El fin y la consolación
     Salvador Villota Herrero, O. Carm.

Didaskalos Infantil

5   EL CAPITÁN CHOCOLATE
     Cristián Sahli Lecaros